GUIDE

DES ELECTEURS

ET DES DÉPUTÉS,

OU

Exposé des garanties nécessaires à toute institution sociale, et des règles qu'elles prescrivent pour les Elections;

SUIVI

D'un Essai sur les causes générales de la misère qui afflige en ce moment la France, ainsi qu'une partie de l'Europe, et sur les moyens qu'elles indiquent pour l'adoucir, en en préparant l'extinction.

Par M. CASTÉRA.

A PARIS,

Chez
{ Ant. BAILLEUL, Imprimeur-Libraire, rue Sainte-Anne, N°. 71;
{ DELAUNAY, Libraire, Palais-Royal, N°. 243;

ET CHEZ LES MARCHANDS DE NOUVEAUTÉS.

1817.

IMPRIMERIE D'ANT. BAILLEUL,

RUE SAINTE-ANNE, N°. 71.

AVANT-PROPOS.

Cette brochure, imprimée en 1817, d'une manière trop tardive, n'avait point été considérée comme un ouvrage purement de circonstance ; et ceux de MM. les journalistes qui en ont parlé, l'ont jugée ainsi, en en faisant l'éloge après la clôture des élections. Divisée en deux parties, elle présente des données pour éclairer nos choix, des vues pour améliorer notre sort. D'une part, nous touchons à l'époque d'une nouvelle nomination de députés, et aujourd'hui comme alors, il nous importe d'avoir de bons mandataires ; de l'autre, je ne vois pas que notre position soit infiniment plus heureuse, et cet objet laisse beaucoup à dire, car il reste beaucoup à faire. Tout ce qu'elle contient se trouve donc éminemment à l'ordre du jour, et me fait espérer que le public l'accueillera encore en 1818 avec un plus haut degré d'intérêt.

L'expérience en a justifié plusieurs asser-
tions. Ce qui est relatif au danger des progrès
de l'agiotage, aux inconvéniens de la con-
centration des espèces, érigé d'abord en pro-
blème, a depuis été converti en certitude.
Ce ne sont plus des paradoxes, mais des vérités qui remplissent *l'essai* qui la termine ; et
les 2,000,000,000 de souscriptions offertes
pour l'achat des 14,000,000 de rentes alié-
nées par le trésor, ne permettent plus de
contester que c'est moins la rareté que l'abus
du numéraire, qui cause nos détresses. L'agriculture et l'industrie ne sont excessivement
pauvres, que parce que les porte-feuilles
sont excessivement riches. Si toutes les eaux
se précipitaient dans le bassin des mers, le
bord des rivages serait inondé, et le surplus
de la terre serait à sec.

Je pouvais également reproduire mes réflexions sur les colonies, le commerce et
l'armée, quoique ces derniers aient vieilli.
J'étais l'un des premiers qui eût soulevé le
voile qu'on avait laissé tomber sur les plus

beaux monumens de notre histoire. Dans l'intervalle, plusieurs écrivains éloquens y ont consacré leur plume. N'importe ; je me persuade qu'on relira cet article avec plaisir : un grand peuple aime à voir repasser devant ses yeux les images de sa gloire.

Des critiques ont trouvé mauvais que j'eusse parlé de morale dans un écrit de politique, et assurément ces censeurs-là ne sont pas de grands politiques. Ils n'ont pas considéré que si le système de Machiavel a quelquefois été la politique des cours, les principes d'Aristide doivent toujours être la politique des nations, puisque la liberté ne s'asseoit que sur les mœurs.

Ils parlent de lois sans cesse, comme si c'étaient les lois qui nous eussent manqué plutôt que les hommes. Depuis trente ans, Dieu sait combien on en a fait de milliers, et même généralement de sages et utiles, quoiqu'il y ait eu des époques où l'on ne s'en serait pas douté. Ils pensent qu'il faut faire des lois pour faire marcher les hommes, et moi je craindrais qu'il ne fallût faire des hommes pour faire marcher les lois ; car elles ne vont pas toutes seules , et il est souvent arrivé qu'elles n'ont pas été du tout. Le texte de la loi s'altère , dès que son action s'affaiblit ; et son action perd de son énergie , dès que le fonctionnaire perd de son dévouement : voilà le grand ressort qu'il est bon de fortifier. La meilleure des constitutions qui ne s'exécuterait pas, ressemblerait à la statue de Pygmalion : il faudrait l'animer.

Je ne dirai rien des opinions : bonnes ou mauvaises, ce sont les miennes : on ne doit écrire que d'après soi ; cependant je crois y avoir mis assez d'esprit public , pour qu'il ait dû en écarter tout esprit de parti , et l'esprit public est de tous les temps.

GUIDE

DES ÉLECTEURS

ET DES DÉPUTÉS,

ou

Exposé des garanties nécessaires à toute institution sociale, et des règles qu'elles prescrivent pour les Élections.

Dans les gouvernemens mixtes, l'autorité représentative acquiert toujours par ses attributions une grande influence sur leur force et leur durée : chez les peuples vifs et enthousiastes, elle tient encore de leur caractère une puissance d'opinion dont les élémens doivent être combinés avec d'autant plus de soin, que son action ne peut être ni diri-

---

Nota. Cet ouvrage, dont la publication a été retardée par la maladie de l'auteur, avait été écrit en juillet, et dès le 4 août, une copie en avait été déposée dans les bureaux de l'une des premières autorités.

gée ni restreinte. Nous en avons fait de cruels essais : la plupart des troubles politiques de la France ont pris leur source dans les agitations intérieures de ses assemblées.

On ne peut espérer d'heureux choix que d'une situation heureuse dans les choses et dans les esprits. Si la tranquillité publique est menacée, les factions se réveillent, l'inquiétude se répand, et la peur choisit mal. Si les citoyens sont insoucians, ils abandonnent les nominations au hasard, et, au milieu du choc des intérêts et des passions, le hasard est un mauvais électeur.

Assise sur un rivage naguère chargé de débris, la chambre de 1815 en avait été effrayée ; formée à une époque où le torrent de l'usurpation venait d'inonder le royaume, elle était encore frappée de ses ravages ; et son attention, détournée des autres écueils, les eût rendus d'autant plus dangereux, qu'elle n'en connaissait qu'un seul à éviter. Heureusement le Roi s'en était aperçu ; il y a remédié en la renouvelant ; et l'une des plus utiles preuves de confiance et d'amour qu'il ait données à ses peuples, a été de leur remettre, dans un moment de calme et de liberté, le soin de leurs destinées.

Le succès de la mesure a répondu à la

(5)

sagesse des intentions. L'assoupissement des
haines et l'accord des pouvoirs ont signalé
la dernière session. Les premières suivront
ses traces, et acheveront sa tâche, si nous con-
tinuons à porter le même zèle, le même dis-
cernement dans ces élections périodiques et
partielles qui doivent compléter la députation
et la recomposer successivement.

Appelés prochainement à réélire (1) ou à
remplacer un cinquième de ses membres,
n'oublions pas qu'une voix suffit quelquefois
pour déterminer la majorité, et qu'il n'est pas
une seule nomination qui puisse être indiffé-
rente, quand elle nous donne un législateur.

Mais toutes peuvent et généralement ont
besoin de remplir leur but. D'une part, l'instant est favorable pour un exercice éclairé de
nos droits : l'airain tonnant n'ensanglante plus
la terre ; le cri sinistre des factions ne divise
plus nos cités ; le pouvoir dictatorial n'en-
chaîne plus nos pensées, et la France, paisible et réconciliée, a réuni tous ses enfans

---

(1) Quiconque y a déjà fait preuve de patriotisme a,
pour être réélu, fourni les garanties les plus sûres; nul
candidat nouveau ne peut lui être assimilé : c'est un zèle
éprouvé à côté d'un zèle qui ne l'est pas, une certitude
auprès d'une espérance.

dans l'amour de leur Roi. De l'autre, notre expérience attache à leur mission une immense responsabilité. Les bases de nôtre félicité ont été posées récemment; et lorsque, dès les premiers pas, on s'écarte de la route, il est bien douteux qu'on parvienne à y rentrer. L'assemblée législative quitta la ligne tracée par l'assemblée constituante : on sait ce qu'il en a coûté pour revenir à peu près à l'endroit du départ, à cette station, cap de Bonne-Espérance, qui régit un si grand avenir, et que le vaisseau de l'état n'aborderait point une troisième fois.

Il nous est donc aussi important qu'il nous est facile de l'y retenir, par le choix de ses pilotes. S'ils l'exposaient à un dernier naufrage, le blâme comme le malheur en retomberaient sur nous, et, coupables aux yeux de l'Europe et de la postérité, nous entendrions l'étranger dire avec dédain : *Ce peuple-là n'était pas fait pour être libre.*

Les précautions que nous avons à prendre aujourd'hui pour consolider les destins de l'état, sont les mêmes que nous prenons journellement pour assurer le succès de nos affaires personnelles. Nous ne confions point l'éducation de nos enfans, la gestion de nos domaines, le dépôt de nos caisses à un étranger, sans nous informer soigneusement de ses mœurs, de ses talens et de son zèle. Serions-nous moins attentifs et moins prudens dans l'examen de fondés de pouvoirs chargés de la conservation de nos droits, de nos libertés, de de la part réservée à nos neveux, de la gloire attachée au nom français ?

De la nécessité de la garantie morale.

Que vos candidats soient pleins d'honneur et de moralité : c'est presque toujours dans une belle ame que se développent un grand caractère et un bon esprit. Un homme de bien peut seul protéger efficacement les gens de bien. La vertu ne rapproche les individus qu'autant qu'ils la possèdent en communauté. Qui ne peut pas l'estimer en lui, ne saurait l'aimer dans les autres. Pour mériter vos suffrages, il faut de plus avoir la volonté de la servir, le courage de la défendre, et faire partie de ceux qui, durant nos longs orages, ayant conservé une fermeté intrépide et une honnêteté scrupuleuse, sont demeurés sans crainte et sans reproche.

Ce n'est qu'avec la stricte observation de ce principe que nous pouvons obtenir des représentans véritablement dévoués, des législateurs entièrement indépendans. L'importance de leurs fonctions et l'étendue de nos maux les avertiront que leur zèle ne doit pas se borner à voter des subsides ; ils s'appliqueront à trouver les moyens d'adoucir nos calamités, et n'oublieront pas que le soin du bonheur public est le but de toute association et le devoir de toute autorité. Sans autre prétention que celle de nous être utiles, sans autre orgueil que celui de justifier notre confiance, ils porteront la vérité au pied du trône, et la feront entendre sans détour et sans faste, avec cette fermeté modeste, cette décence noble : véritable dignité qui ne connaît ni l'impudence chevaleresque des factieux, ni l'attitude humiliante des esclaves.

En vain on objecterait que des talens avilis peuvent devenir des talens utiles : où la conscience se tait, la garantie s'éteint. On n'a que trop écouté ce sophisme du vice enrichi : il faut la placer dans les intérêts. Mais alors comment l'y fixer ? S'il ne reste à la probité qu'un droit chemin pour arriver à la fortune, combien doit-il exister de sentiers tortueux par où l'intrigue y mène en passant à côté ?

De la garantie à exercer contre les extrêmes dangers de l'abus de l'éloquence.

L'oubli de ces conditions, auxquelles rien ne supplée, est entré pour beaucoup dans nos désastres ; mais il existe pour nous un danger plus redoutable, et qui jadis nous a perdus. En effet, pour que tant d'assemblées ne soient arrivées qu'à des écueils, il faut bien qu'une même cause ait contribué à leur faire prendre une fausse direction. L'imputera-t-on aux hommes ou aux événemens, à l'ignorance ou à la perversité? Non, au sein du chaos de l'anarchie la plus affreuse, quelques lumières ont percé dans le tumulte de leurs discussions, et, nous devons l'avouer avec franchise, le mal a rarement été dans les intentions : on a commis plus de fautes que de crimes. Ces énergumènes dont la rage s'exerça jusque sur la pierre des tombeaux, furent toujours couverts de l'exécration universelle, et n'auraient jamais étendu leur joug de fer sur une pusillanime majorité, si elle ne leur avait pas été livrée par l'aveugle influence de cette foule inhabile d'orateurs brillans, de romanciers politiques, dont les déclamations ont été si funestes, dont les illusions ont coûté si cher. Les insensés! conduits par les prestiges de la vanité, asservis aux caprices de l'opinion, sans vues, sans système, sans prévoyance, comment auraient-ils pu nous préserver de l'abîme, eux qui marchaient au précipice les yeux fermés, et dont on a vu la superbe imprudence accélérer encore la course du char sanglant de la révolution, au moment même où il était prêt à les écraser de ses effroyables débris?

Que les terribles leçons de leur déplorable orgueil et de nos longues inconséquences cessent enfin d'être répétées sans fruit! défions-nous d'eux et de nous-mêmes, avec d'autant plus de raison, qu'un peuple naturellement spirituel et sensible n'est que trop disposé à se laisser entraîner aux séductions de l'esprit et aux mouvemens des passions. Le plus salutaire des conseils qu'on puisse lui donner, est donc : de se garder, plus que de l'immoralité peut-être, des prétentions de ces imaginations audacieuses, dépourvues de méditations et de savoir, et de bien se convaincre de cette importante vérité, que le don de l'éloquence n'est pas la science de la législation ; qu'elle s'étudie, au lieu de s'improviser, et qu'il faut avoir appris à connaître les hommes, pour devenir capable de gouverner les nations (1).

______

(1) Abstraction faite d'opinions et de partis, les orateurs qui ne sont qu'orateurs, sont extrêmement dangereux : leur talent les égare ; il ne se plaît qu'à décrire de grands tableaux ; comme les auteurs tragiques, il court après les catastrophes. Il en résulte un penchant a l'exagération qui les suppose, et souvent ces suppositions

De la garantie politique contre la formation des partis.

Ces règles générales doivent présider à l'admission de tous les candidats ; des combinaisons particulières doivent déterminer la nomination de chaque député. On ne peut pas se flatter de conserver d'équilibre dans le développement des influences, s'il n'a pas été calculé de contre-poids dans la source des oppositions. Il est donc indispensable de les établir, autant que possible, entre les principales divisions d'hommes et d'intérêts. Il faut éviter qu'aucune classe, qu'aucun système y maîtrise les délibérations ; il faut y distribuer à toutes les doctrines utiles, à toutes les professions importantes, des défenseurs respectifs : c'est le moyen de balancer leurs droits communs, et d'éteindre leurs préventions réciproques.

---

les amènent. Démosthènes perdit sa patrie ; Cicéron, il est vrai, sauva la sienne. Assurément ce fut un beau jour pour la république romaine et pour la république des lettres, que celui où, armé des foudres de l'éloquence, cet immortel génie terrassait l'audacieux Catilina : mais c'est que Cicéron était consul, qu'il avait l'habitude des affaires, et que l'art de toucher et de convaincre n'était en lui que l'organe et l'instrument de l'homme d'état.

L'homme public est inséparable de l'homme privé ; conséquemment on en doit voir deux à l'examen : le citoyen que ses devoirs civiques mettent en rapport avec la masse collective des autres citoyens, et l'individu que ses relations personnelles renferment habituellement dans un cercle particulier d'individus. Ses idées politiques offriront nécessairement une nuance caractéristique de leurs goûts, de leurs occupations et de leurs mœurs ; car notre manière d'être dans la société y modifie toujours notre manière de voir, de penser et d'agir. Combattus, repoussés, ses préjugés s'effaceront en effaçant des préjugés contradictoires ; soutenus, accueillis, ils y deviendraient le germe d'un parti dominant, d'une opinion privilégiée. En général, toute association prépondérante a un esprit de corps, et tout esprit de corps est une déviation de l'esprit public.

De grands maux sont déjà résultés de l'oubli de cette précaution.

Dans nos jurisconsultes, des hommes justement estimés promettent aux lois des interprètes éclairés, des gardiens fidèles, et leur sanctuaire primitif réclame quelques-uns de ces publicistes distingués qui en suivent l'étude, comme d'une science de principes, dont ils y porteront l'esprit : mais nous devons irrévocablement en fermer l'accès à ceux qui, ne s'exerçant qu'aux luttes oratoires, y glisseraient les surprises de leur art, et ne pas oublier le mal qui résulta pour l'assemblée constituante de cette trop grande quantité d'avocats dont elle s'était remplie. Ils y introduisirent les discussions pointilleuses du barreau, et leur sécheresse tua la bienveillance administrative ; ils ne laissèrent que les formes d'un cadre matériel à l'autorité, qui doit nourrir le plus d'affection entre les gouvernans et les gouvernés ; faute que les circonstances ont perpétuée, et qui avait préparé la chute des différens pouvoirs qui se sont succédés. N'ayant reçu qu'une organisation morte, ils n'ont pu acquérir un mouvement de vie. Leur propre ouvrage n'en fut pas exempt : dans cette même assemblée, où leur voix discuta long-temps les bases d'une constitution, leurs controverses en avaient d'avance miné les fondemens. Accoutumés aux contrastes, ils en exaspérèrent les rivalités ; ses délibérations, si riches en talens, dégénérèrent souvent en plaidoiries amères ; chaque question y devint une cause que l'amour propre voulait gagner, et ils traitèrent le trône en partie adverse, à qui on devait faire payer les dépens : ils ne voyaient pas que c'était la France qu'ils y avaient solidairement condamnée !

Seconde preuve de fait, dont on peut également déduire cette autre règle , que l'indépendance des opinions suppose généralement l'indépendance des personnes.

Nous avons eu sous Napoléon, un autre exemple non moins frappant du danger qu'il y aura toujours à laisser une caste quelconque obtenir un ascendant irrésistible dans une première autorité. Beaucoup d'officiers supérieurs, de grands dignitaires, d'individus liés à divers titres au gouvernement, y siégeaient : leur influence la paralysa, et celui qui était le plus puissant, devint malheureusement le plus nul des corps représentatifs.

L'histoire mêlera ses reproches à ceux de la France. Cependant les habitudes de leur état présageaient les fautes de leur politique. Le devoir qu'avait rempli presque toute sa vie le général divisionnaire, d'obéir au même individu, comme à son général en chef ; l'usage qu'avait dû prendre des mêmes rapports des mêmes déférences dans un ordre de relations plus ou moins immédiat, e fonctionnaire

civil, différaient, dans chacun, trop essentiel-
lement de la mission confiée à un magistrat
inamovible, pour contenir un dictateur am-
bitieux. Changeant insensiblement, de sentiment et de conduite, l'inconstance humaine
passe bien quelquefois d'un extrême à l'autre;
mais ce contraste, quoique légitimé, n'éclate
pas à la lecture d'un ordre du jour. A l'aréopage
comme au camp, dans la rédaction des séna-
tus-consultes comme dans les délibérations
du Conseil d'état, il en est plusieurs qui furent
toujours généraux, toujours conseillers, toujours les hommes du pouvoir. Ainsi s'explique
l'imperturbable silence, l'impassible résignation de ce sénat conservateur, qui ne s'avisa
de son nom que lorsque tout fut perdu.

A quoi doit s'étendre la garantie des opinions.

Peut-être aussi les électeurs doivent-ils
examiner si, *dans un sens quelconque*, les principes actuels de leurs candidats ne seraient
pas en opposition formelle avec les principes
constitutionnels, et alors, indépendamment de
leur bonne réputation d'ailleurs, ne les admettre qu'avec beaucoup de circonspection,
et en très-petite minorité : c'est une règle de
prudence. Si l'on considère que renoncer à
son opinion est de tous les sacrifices celui qui

coûte le plus à l'amour propre, on concevra que peu de gens tiennent assez fortement à leur devoir, pour combattre sincèrement la doctrine qu'ils ont embrassée, et qu'il est difficile de se diriger constamment vers un but à l'avantage duquel on ne croit point.

C'est au défaut de cette précaution qu'on a dû les assemblées législatives de 1793 et 1815. Le tort de l'une ne fut probablement qu'un excès d'amour pour la liberté ; et il nous conduisit à la convention, la convention au directoire, etc. L'erreur de l'autre, n'était, sans doute, qu'un excès de zèle pour la royauté, et il pouvait...... Mais le Roi l'a dissoute. En législation, le plus difficile n'est pas de poser la borne, mais de s'habituer à l'observer. Tant qu'on reste dans la circonférence tracée, rien n'est à craindre ; dès qu'on l'a franchie, tout est à redouter, car on est retombé en pleine mer, et le gouvernail est brisé.

Lorsque les premiers talens de l'assemblée constituante eurent reconnu l'éminent péril où nous avaient jetés la hardiesse de leur théorie, et qu'ils essayèrent à nous y soustraire, en se plaçant courageusement entre le trône et l'anarchie, s'ils n'avaient pas été obligés de confier leur débile édifice à des mains qui en voulaient élever un autre, il est possible qu'ils l'eussent affermi (1), et des torrens de larmes et de sang n'auraient pas coulé pour nous ramener enfin à cet éternel adage, *que le gouvernement républicain ne convient qu'à un petit état, et surtout à un peuple vertueux.*

Agriculture.

Pays agricole, la France doit considérer que c'est son premier titre et le seul des biens qui puisse tenir lieu de tous les autres. L'art de la culture, qui fut si long-temps dédaigné parmi nous, a été singulièrement perfectionné depuis la révolution et doit continuer à être encouragé et honoré : nous y ramener, c'est nous ramener à la nature, à la source de tout ce qui est beau et bon, noble et généreux. On doit aux philosophes que le goût de la vie champêtre a portés à lire dans ce grand livre, les ouvrages écrits avec le plus de fran-

----

(1) Les rapports rédigés, à cette époque, par feu M. Thouret, chefs-d'œuvre d'une raison éloquente, sont devenus prophétiques. Il avait, pour ainsi dire, évoqué et fait entendre à la tribune le génie de la France, frappé du juste pressentiment de ses maux : ses adversaires en avaient été ébranlés ; mais les déclamations insensées de quelques flatteurs du peuple, car il a aussi les siens, et qui trompent comme ceux des rois, étouffèrent les plus importantes vérités.

chise et de chaleur, en faveur de la justice et de l'humanité; et les champs, qu'illustra la docte et vénérable antiquité, renferment peut-être maintenant de modernes Cincinnatus.

J'aimerai toujours à voir sortir de l'urne élective le nom du propriétaire véritablement cultivateur, parce que ce genre de vie est d'une indication favorable pour ses mœurs, et qu'il y aura retrempé son ame. Ce n'est que par lui que je veux apprendre l'état de l'agriculture, le sort des agriculteurs. Il vit au milieu d'eux; s'ils ont éprouvé des désastres, il en a déjà préoccupé son esprit; car il faut être né méchant, pour demeurer étranger aux peines de ceux qui nous entourent; et l'activité de son imagination, qui, dégoûtée des vices du grand monde, se sera livrée à l'admiration de ces majestueux tableaux dont l'enchaînement décèle un ordre divin, de cet inépuisable bienveillance dont les trésors se partagent indistinctement entre l'homme et la fourmi, nous rapportera nécessairement des idées justes, des principes vrais, empruntés à une législation céleste, dont les beautés augustes et simples renferment tous les préceptes et tous les exemples, si l'homme savait ou voulait en profiter.

Armée.

Nous l'avons observé, les conquérans sont de mauvais professeurs en droit, et les champs de bataille de mauvaises écoles de législation. Cependant, autant il serait dangereux d'en voir les principes devenir ceux des chambres, autant on aurait à regretter que l'armée n'y fût pas représentée par des frères d'armes : c'est à ceux qui ont éprouvé ses privations et ses périls, qu'il appartient de connaître et d'exprimer ses sentimens et ses besoins. D'ailleurs, des considérations morales invitent encore à prendre quelques candidats dans l'une des classes que la loyauté de son caractère a dû le mieux garantir de la corruption de nos mœurs. Elle compte plusieurs officiers connus avantageusement par leurs vertus, qui, malgré le tumulte des camps et la rapidité des invasions, ont su cultiver leur esprit dans l'intervalle de leurs exploits. Distingués par leurs connaissances comme par leur bravoure, habiles à administrer comme à combattre, la patrie les appelle à partager l'honneur d'affermir le trône de leur Roi. Il vaut bien la gloire d'avoir ébranlé les trônes des autres souverains.

En vain quelques individus pour lesquels il n'y a ni passé ni avenir, prétendent que leur courage n'a servi que les projets d'un tyran , et que leurs bras nous seront désormais inutiles. C'est faux : la nation leur a dû son salut; elle leur devra son indépendance.

Dans ces temps de crimes et de deuil, où les factions déchiraient le royaume, la France eût cessé d'exister, si les troupes avaient cessé de vaincre. Avilie par ses gouvernans , ses défenseurs la faisaient respecter. Cependant l'anarchie eût dévoré nos hameaux et nos villes....... mais des héros veillaient sous la tente; ils leur ont servi d'égide.

Des guerres d'agression, il est vrai, ont été faites récemment. Nos soldats les avaient-ils déclarées? Si chacun, à son poste, eût, comme eux, rempli son devoir au risque de sa vie, la vérité tonnante eût dénoncé la violation des traités; elle eût rappelé leurs bannières en deçà du Rhin et des Pyrénées; leur sang n'eût pas été prodigué indignement, et le continent n'eût pas été soulevé. Cependant devaient-ils nous livrer à sa merci? Eh! que n'a pas tenté pour nous en défendre, cette poignée de braves qu'on a vus dans les plaines de Bourgogne et de Champagne, affronter chaque jour les innombrables phalanges *de l'Europe en armes!* Cette campagne immortelle répond à tout.

Qu'on se représente une troupe assez éclairée

pour ne pas se dissimuler la chute du gouvernement, et qui ne pouvait encore apercevoir
derrière elle que des ruines, manquant de
tout, faisant face de tous côtés, épuisée de
lassitude, mourant de faim, abandonnée même
de la Victoire, qui l'eût consolée du reste, et
qu'on juge si c'était l'espoir des croix et des
pensions, les chances de la fortune et les va-
nités du triomphe qui la précipitaient à ces
travaux sans terme, à ces exploits sans récom-
pense. Tout à la patrie et à l'honneur, elle
n'aspirait plus qu'à leur donner ses derniers
instans. Ne pouvant délivrer son pays, elle fit
mieux, elle l'illustra. Tant de prodiges dans une
armée nationale en imposèrent, en révélant
tout ce qu'a d'intrépidité le peuple français.
Les mânes de ceux qui avaient succombé pendant la lutte planaient sur l'armée des nations;
dans ses lugubres souvenirs, ils la menaçaient
encore aux murs de la capitale. Ce qui restait
de nos guerriers y était accouru, et le dernier
d'entr'eux eût mordu la poussière avant d'y
laisser flotter leurs étendards : c'étaient les
Spartiates des Thermopyles. Rendons grâce à
leurs chefs, qui, après avoir fait les sacrifices
qu'exigeait une réputation élevée sur tant de
trophées, les ont conservés à l'état et à leur
famille, en les arrachant aux coups d'un sté-

rile désespoir. L'ordre d'évacuer Paris fut donné, ils obéirent ; mais ils l'avaient couvert de leur gloire, et les alliés eurent le mérite de ne pas la profaner (1).

Ces derniers combats ont eu le sceau de la reconnaissance publique ; sa dette ne se prescrira point dans le cœur d'un prince magnanime ; le titre en sera conservé dans tout ce qui est digne du nom français, et, s'il en était besoin, la politique la recommanderait à la justice.

Nécessité de garder un état militaire imposant.

Sans doute il est naturel d'espérer que la cruelle leçon que nous venons d'offrir de l'éternel danger des conquêtes, ne sera pas entièrement perdue pour l'humanité, et que, si près du tableau d'un naufrage rendu presque universel, plusieurs cabinets craindront pendant long-temps d'en braver l'écueil. Mais la paix ne sera-t-elle jamais troublée ? détruira-t-elle les passions des peuples et des Rois ? Les principaux états ont reçu un accroissement

______

(1) Lors de la première invasion des puissances étrangères, l'armée française subsista ; lors de la seconde, elle fut licenciée. Que l'on compare la paix de 1814 à la paix de 1815 ! cependant elles venaient dans l'une comme ennemies, et dans l'autre elles entraient comme alliées.

immense en étendue et en population; la France
seule est rentrée dans ses anciennes limites,
c'est-à-dire, s'est rétrécie comparativement. La
proportion des forces est changée à son préju-
dice, et ne lui permet plus de chercher le
supplément que la prudence réclame pour les
siennes, que dans une grande énergie de caractère et dans un systême de défense imposant : le négliger, c'est la compromettre. Les
mers ne l'ont point munie d'une barrière cir-
culaire contre les invasions ; un coin du globe
ne lui offre pas l'option de rester oubliée en
s'isolant. La majesté de sa position centrale
l'intéresse au contraire dans toutes les entreprises ambitieuses des gouvernemens ; et l'habitant des âpres climats du Nord, charmé de
son beau ciel et de sa terre féconde, y a envié
les douceurs du paradis terrestre. Enfin, elle
est la pierre angulaire de l'équilibre européen, qui n'a jamais pu être un moment dé-
rangé, sans qu'il lui fallût intervenir comme
partie ou comme arbitre. Cette condition
l'obligea toujours à fonder sa sécurité sur sa
puissance. Sa position l'oblige aujourd'hui à
se ménager les moyens d'être invincible, pour
avoir le droit de se croire en sureté.

Commerce, Colonies et Manufactures.

Le commerce languit. Appelons à son aide quelques-uns de ces négocians qui, étrangers aux petites vues qui en dénaturent le but, et aux entreprises usuraires qui en avilissent le gain, ont constamment cherché dans un trafic utile un bénéfice honnête. Ils sont initiés dans le secret de son émulation et de ses ressources : c'est être sur la voie qui doit lui rendre ses espérances et sa splendeur. Plusieurs doivent être choisis parmi ceux qui ont fait fleurir nos manufactures, et porté leur perfection à un degré dont la Tamise s'est épouvantée. Cette branche nous a réussi, et ses avantages sont permanens : considération qui parle irrévocablement pour elle. Peut-être que l'une des causes qui a le plus contribué à suspendre son activité, est ce moment d'hésitation, d'incertitude qu'a fait naître, à son apparition, l'ombre d'une rivale jadis plus fortunée.

La paix faite, on a cru à la résurrection des colonies, et tous les regards se sont tournés vers les mers. Le chemin est redevenu libre, comme par le passé ; mais le voyageur ne le parcourra point aussi lucrativement ; et quoique les armemens au long cours puissent reprendre momentanément une faveur nouvelle, ils n'ont pas moins perdu sans retour l'aliment de leur grande activité. Les entreprises maritimes ont éprouvé chez nous une interruption absolue, causée par les troubles de la France : elles éprouvent ailleurs un décroissement progressif, déterminé par les révolutions du globe. Le Nouveau-Monde ne pouvait pas rester éternellement tributaire du plus petit des continens. Dans l'origine, la violence et la cupidité en avaient fait la propriété féodale du négoce ; le temps et les lumières l'ont racheté, pour le rendre à de puissantes destinées.

Ses habitans n'avaient pas la permission de cultiver telle ou telle denrée, que le climat y eût fait venir plus abondamment qu'ailleurs; de là recevoir de tel ou tel port, dans lequel ils l'auraient eue de meilleure qualité, et à plus bas prix. La terre végétale y était en séquestre , et l'espèce humaine en servage. L'homme noir y était la bête de somme des habitations , et l'homme blanc le fermier des métropoles. Tous les produits devaient y être transportés : leurs commerçans en étaient donc les facteurs nécessaires.

Le levier du temps pousse sans relâche ces vastes contrées à l'indépendance, et les droits du fief européen achèveront insensiblement de s'y abolir. Riche de son sol et de son activité, l'Américain apprendra qu'il peut se suffire à lui-même, en ouvrant des communications avec les diverses parties de son immense territoire, qui, prolongé du nord au midi, embrasse les variétés de sites et de température d'un hémisphère entier. Déjà de grands états s'y forment, et probablement survivront aux nôtres; car les peuples se succèdent, passent et s'effacent comme les générations; et l'on verra peut-être les sciences et les arts, après s'être réfugiés jadis de l'Asie en Europe, se réfugier désormais de l'Europe en Amérique, pour échapper à la dissolution sociale qu'elle lui a préparée, et dont on a déjà ressenti les déchiremens précurseurs.

Ce problême tant débattu, sur la découverte des Grandes-Indes, sera résolu par les événemens. C'est aux épouvantables crimes qui en ont généralement souillé la funeste conquête; c'est à l'infâme avidité dont elle a, dans toutes les classes, irrité les désirs, par la facilité qu'elle avait mise à les satisfaire; c'est à cette impatiente fureur de courir sus, en quelque sorte, à la fortune, de vouloir l'atteindre d'un saut, développée par les chances d'un négoce auquel elle avait donné pour prime la rapidité d'un jeu de hasard ; c'est à l'énorme quantité de numéraire qu'elle a fait entrer dans la circulation, et qui, en augmentant trop fortement l'inégalité des biens, et dès lors des conditions, en a renversé l'équilibre proportionnel ; c'est enfin aux goûts d'un luxe qu'elle a créé, auquel elle a fourni longtemps des vêtemens et des trésors, et qui, ainsi que toujours, a été corrupteur, que nous devons aujourd'hui la misère des peuples et la détresse des gouvernemens.

Nous devons aussi, à l'étrange changement qui en était déjà survenu dans les idées, l'impulsion donnée aux esprits, et les erreurs accréditées dans l'opinion, par une secte, plus ingénieuse que conséquente, d'écrivains qui, la plupart, pour être d'excellens littérateurs, se sont crus de grands philosophes. Séduits par le prestige du tourbillon magique qu'offrait à leurs yeux cette surabondance d'activité, d'éclat et d'illusion, ils s'en sont déclarés les apôtres. Ils n'ont pas reconnu que la grande métamorphose qu'il avait produite dans l'extérieur de plusieurs monarchies européennes, ne semblait en avoir augmenté la splendeur qu'en les jetant à moitié, sur la base artificielle d'un support gigantesque brillant, mais d'argile. Ils avaient pris le change sur le nouveau mobile, et ont achevé d'y faire asseoir les gouvernemens, en leur en vantant l'état, comme un symbole du nerf et de la prospérité des empires. Ces principes d'ordre domestique, ces garanties du contrat social, déduites de l'harmonie universelle, consacrées par les préceptes des plus grands législateurs, et sanctionnées par la voix imposante des siècles, tombèrent dans le décri, ou furent tournés en ridicule. La morale publique avait été corrompue ; la raison publique fut égarée. Dès lors de longs bouleversemens auraient pu être prédits, puisque l'anarchie ne peut pas exister dans les têtes, sans qu'elle finisse par s'insinuer dans les états.

En renouant le fil de nos relations coloniales, mettons-y du moins une prudente circonspection ; exploitons avec le plus de succès possible ce qui reste de cette mine fatale, puisqu'elle est devenue inhérente au vice d'anciennes habitudes, comme la ciguë au régime de certaines maladies ; mais ne nous dissimulons pas qu'elle finit de s'épuiser, tandis que nous en avons ouvert une qui est inépuisable, en appliquant les efforts de notre intelligence à la mise en œuvre de nos produits.

Pendant long-temps on avait essayé de tenir la France comme une ville assiégée, privée de toutes relations extérieures. Cette position lui apprit qu'elle pouvait se passer du reste du monde : elle en a prodigué les preuves. Ne commerçant qu'avec elle et pour elle, de ses récoltes et de son industrie, n'existant et ne florissant qu'à l'aide de son territoire et de ses arts, dont elle était, tour à tour, l'ouvrière et la consommatrice, on l'a vue pourvoir abondamment aux besoins de ses habitans, de ses ateliers et de son luxe. On se rappelle encore ce qu'a été, à leur arrivée, l'étonnement des étrangers, en parcourant ces magnifiques galeries que décoraient tant de superbes ouvrages. Ils nous croyaient dépourvus de tout : nos marchands et nos artistes auraient étalé avec distinction dans toutes les foires de l'univers. Voilà des biens réels à conserver, des richesses vraiment nationales à faire valoir. La nature et notre activité nous ont rendus indépendans des autres nations. C'est à notre émulation et au gouvernement à ne pas nous en laisser redevenir tributaires. Pour un peuple, comme pour un individu, c'est le plus beau des priviléges : pouvoir se passer d'autrui, c'est déjà être heureux.

Sciences et Beaux-Arts.

Les sciences et les beaux-arts implorent aussi des amis et des protecteurs. Lorsque ces flambeaux du monde semblent pâlir, il importe d'en ranimer jusqu'aux moindres étincelles : c'est entretenir le feu sacré. La France leur doit l'éclat de sa civilisation, l'urbanité de ses mœurs, sa belle littérature, qui, aimable reine et douce conquérante, avait captivé les suffrages de l'Europe éclairée, et porté avec ses chefs-d'œuvre le goût de leur langue natale dans tout l'univers. Magnifique héritière des âges précédens, et fidèle débitrice des âges à venir, elle doit, non-seulement conserver, mais grossir encore le dépôt des richesses immortelles qu'en attend la postérité.

Dans les talens exercés aux méditations profondes, et nourris des connaissances littéraires, on trouve souvent réunis à cette rectitude de jugement que donne l'habitude de l'analyse, ce guide de l'exemple, fourni par l'histoire bien méditée, et cette élévation de pensée, née de l'abandon des intérêts et des préjugés; c'est là, surtout, qu'il faut chercher des hommes au-dessus de cette présomptueuse médiocrité qui, dissertant sans cesse sur nos accidens politiques comme sur des bases primordiales, s'efforce de consacrer des erreurs plus dangereuses que nos maux, dont elle voilerait la source, et d'abaisser nos regards jusqu'à son horizon, en nous faisant prendre des effets pour des causes. Puissions-nous y distinguer des Lycurgue, des Solon, des sages qui disent comme ce dernier : *Nous ne cherchons pas à faire les meilleures lois possibles, mais celles qui conviennent le mieux au peuple athénien;* quelques-uns de ces êtres extraordinaires, de ces esprits transcendans, que la munificence des cieux accorde par intervalle aux perplexités de la terre, et seuls capables peut-être de signaler la crise où tombe cette vieille Europe, dont la main du génie aurait besoin de reconstruire l'édifice en sous-œuvre, quand la main du Temps en a sapé les fondemens antiques !

Des inconvéniens qu'il y aurait à n'y admettre que d'immenses fortunes.

Cette nécessité bien démontrée, de prendre çà et là, dans les rangs nombreux de la population, des hommes de probités égales et de mérites divers, unique moyen de rendre la chambre des députés effectivement représentative de l'universalité de la nation, dont elle doit être tout à la fois et l'extrait et l'élite , exclut surtout cette insidieuse recommandation, de n'y admettre *que de très-grandes fortunes* : comme si la plus vile et la plus misérable des influences n'était pas celle des intérêts pécuniaires !

En espère-t-on un surcroît de désintéressement ? La règle est mauvaise : plus on a, plus on veut avoir. L'observation nous apprend que celui qui n'a rien, et que celui qui a considérablement, sont susceptibles d'une aussi ardente cupidité. Combien de fortunes ont été entachées dans le cours de la révolution, par l'avidité qu'on a mise à les faire ou à les grossir! Si l'on rétablissait parmi nous les censeurs de Rome, plus d'un millionnaire serait fort embarrassé du compte à rendre des deniers employés à ses somptueuses acquisitions.

Croit-on y trouver une meilleure garantie ? La règle est encore mauvaise. Appliquée à la moralité qu'on exige de l'individu, la présomption serait presque inverse; car à des époques où l'on était bien plus difficile sur les moyens de s'enrichir, il a été reconnu pour constant que c'est la médiocrité qui fournit le plus de civisme et de vertus (1).

____

(1) J'applique le principe dans toute sa rigueur, parce

Appliquée au gage qui résulte de ses pro-priétés, leur valeur ne doit point déterminer une préférence absolue, quand elle ne peut inspirer qu'une confiance relative. Assuré-ment je suis loin de prétendre lui faire subs-tituer un candidat qui n'aurait que son vote pour tout bien ; et la loi le défend. Mais j'observe, et je crois cet argument sans répli-que, que le propriétaire qui n'a que 80,000 f. d'immeubles, est aussi fortement intéressé au maintien de la tranquillité publique, et même

que j'attaque un abus triomphant, et que, dans ce cas, il faut assaillir pour résister. S'il était question de com-poser l'assemblée d'une majorité prise exclusivement dans les classes les plus pauvres, j'observerais que, placée également à l'un des bouts de l'édifice, d'où elle n'aurait pu voir ni l'ensemble de sa perspective, ni l'intérieur de sa distribution, elle jugerait probablement mal des be-soins du commerce, de la finance, des sciences et du gouvernement ; qu'elle y porterait peut-être des préven-tions de jalousies contre les classes plus aisées, dont elle ne voit le sort qu'à travers les illusions d'un optique en-vieux, et que sa partiale influence pourrait nous con-duire à un vandalisme odieux, en passant par une démo-cratie turbulente. Dans la supposition contraire, j'ai à démontrer que l'autre majorité aurait aussi ses intérêts ses erreurs, ses antipathies et ses prédilections. J'en excepte les individus qu'en isole la qualité de proprié-taire cultivateur.

a beaucoup plus à craindre d'un bouleversement général, que le particulier qui jouit de 800,000 f. de fonds, puisque, dans la comparaison, il serait dix fois plutôt ruiné. D'ailleurs, c'est moins la quotité de leur montant, que la pureté de leur source, qu'il faut examiner. Quiconque aura acquis laborieusement; par exemple, un médecin, un avocat distingués, qui, des économies d'une vie longue et honorable, auront composé leur médiocre fortune, redouteront certainement plus les événemens qui peuvent la compromettre, que l'indolent héritier pour qui ses parens auront bien voulu prendre la peine d'en amasser une colossale, ou le hardi négociant dont le bonheur aura puisé des millions dans un cercle d'affaires qui se meut sur une roue de loterie. Souvent l'un perd la sienne en folles dissipations, et l'autre en continuant à suivre des chances hasardées. Cependant nous ne pouvons pas y tenir raisonnablement plus qu'eux-mêmes; et quand on adopterait le principe, s'ils ne possèdent pas les richesses les plus solides, ils n'offrent pas les garanties les plus sûres.

Présume-t-on qu'il y aura plus d'indépendance? La règle est toujours mauvaise : où il n'y a pas plus de désintéressement et de

vertus, il ne peut pas y avoir plus d'indépendance. Il faudrait pour cela qu'il n'y eût
ni intérêt, ni ambition, car ces deux mobiles
trouvent toujours quelque chose à demander
à l'autorité. Si l'on affecte de craindre qu'un
député simplement aisé ne sollicite une place
pour lui-même , ne pourrait-on pas appré-
hender qu'un député grandement opulent
ne la sollicitât pour son fils, son frère, son
neveu ? Si le premier est sensible à l'honneur
d'être invité chez un ministre, le second
n'aspirera-t-il pas à la satisfaction de lui rendre
son honnêteté ? et alors il y trouvera l'occasion de manger deux fois avec S. Exc. Chez
les députés, ainsi que chez les ministres , le
véritable agent responsable, c'est le sentiment
de l'honneur , c'est l'amour du pays : avec
ce garant, les précautions sont inutiles ; sans
lui , elles sont insuffisantes.

Se promet-on un plus haut degré de savoir
et d'expérience atteint par ce tarif ? la règle
est bien autrement mauvaise. Après avoir tant
de fois entendu répéter que les talens ne
mènent pas à la fortune , je me persuaderai
difficilement qu'elle en soit la meilleure en-
seigne, et j'imagine seulement qu'elle doit
faire juger avec beaucoup de défiance ceux
qu'on suppose à ses favoris. Faisant de la dé-

pense, ils ont des flatteurs, qui, assis à leur table, leur trouvent nécessairement un mérite *tout particulier*. Ainsi, chez eux, les défauts se dissimulent, et les qualités s'exagèrent. Il faut donc que la Renommée nous en parle comme de gens très-supérieurs, ou que nous ne les considérions que comme des gens très-médiocres.

Néanmoins, si d'une monticule d'or, comme d'un promontoire, l'excès de l'opulence pouvait plonger ses regards dans les réduits obscurs où s'enfonce l'excès de la misère, cet avantage demanderait grâce pour les inconvéniens : mais c'est tout le contraire. Ici, les extrêmes ne se touchent point. Les progrès du luxe ont élevé la muraille de la Chine entre les classes fortunées et les classes indigentes. Ils ont renfermé les premières dans un rayon de relations et de plaisirs, qui les ramène sans cesse sur elles-mêmes, et ne leur laisse presqu'aucun point de contact qui soit identique avec les dernières. J'en excepte ceux qu'une belle ame arrache au séjour des lambris dorés, pour aller parcourir les sillons du malheur, et y semer des bienfaits; qui, proclamant leur nom dans le sein des assemblées électorales, doivent leur garder l'honneur d'un premier suffrage (1). Mais tous ne les imitent pas ; et s'il en est qui connaissent les besoins de l'infortune, beaucoup les ignorent ; plusieurs les oublient.

Ce système jugé dans ses principales conséquences, est repoussé d'ailleurs par de plus importantes considérations. Il n'y aurait que les très-grandes fortunes qui fussent représentées, et déjà elles ont su mettre à leur avantage un poids si énorme dans la balance, qu'elles conserveraient encore une prépondérance beaucoup trop active, lors même que le gouvernement voudrait les écarter de l'administration publique, parce qu'elles la doivent spé-

---

(1) Pour peu qu'ils soient capables, il n'y a pas à hésiter. Dans un temps où, sur le grand théâtre du monde, la plupart des acteurs restent sous le masque ; où, habitués à tout définir sans rien éprouver, il est tant de gens qui, pour s'en faire supposer, dissertent sans cesse sur la morale, on ne doit croire qu'aux actions : heureux les choix qu'elles auront confirmés ! Le capitaliste qui, dans un moment de pénurie, aura offert ses fonds au gouvernement, qui, dans un moment de calamité, sera venu au secours des malheureux, est un bon citoyen, un digne homme. Particulier, il leur a ouvert sa bourse et son crédit ; député, il ne leur retirera point son zèle et son talent ; il faut compter sur lui. Electeurs, appelez-le ! ses œuvres l'ont nommé.

cialement aux dispositions de la société. Il est une époque où l'or devient l'un de ses principaux agens. Quand le respect humain perd sa force, l'intérêt personnel perd son frein : le signe représentatif n'est plus simplement une monnaie ; on tâche de lui donner une valeur indéfinie ; on s'évertue à l'appliquer à tout.

Si, dans cette circonstance, de grands corps ont disparu, et laissé leurs attributions à répartir, la richesse, qui, par le fait, est devenue une puissance, se présente en première ligne pour en hériter. Elle y aspire avec d'autant plus d'ardeur, qu'elle ne voit plus que l'autorité au-dessus de la suprématie de son ascendant, et que c'est presque la seule chose qu'elle n'espère pas obtenir à l'aide d'un marché. Elle tend donc nécessairement à les remplacer, et à substituer à l'aristocratie des corps privilégiés, l'aristocratie des classes opulentes, qui, de toutes, est, sans contredit, la plus désastreuse, la plus corruptrice : car alors il s'établit entre la fortune et les pouvoirs, une réaction mutuelle en faveur de leur extension respective.

ESSAI

Sur les causes générales de la misère qui afflige en ce moment la France, ainsi qu'une partie de l'Europe, et sur les moyens qu'elles indiquent pour l'adoucir, en en préparant l'extinction.

Je me suis livré à de longues digressions, et je ne les crois pas entièrement inutiles. Nous devons nommer des députés qui, dignes émules de leurs collègues, prennent aux délibérations une participation active et salutaire. Pour se flatter d'y réussir, il faut avoir pu comparer les difficultés de leurs travaux avec les ressources de leurs talens ; et ce préalable en exige un autre : c'est que les électeurs se fassent eux-mêmes une idée, au moins en aperçu, de la nature des intérêts qui sont à régler. Les uns seront traités pour la première fois ; les autres n'ont subi qu'un léger examen, qui les laissera revenir à peu près neufs à la discussion ; plusieurs y sont entrés fréquemment, sans y avoir jamais pris ni un aspect déterminé, ni une existence permanente.

Le plus communément un législateur arrive avec son opinion faite sur les diverses questions qu'il présume devoir être agitées, et la garde, ne fût-ce que par amour propre, durant toute la session. Les principaux actes émanés d'un corps représentatif sont, en quelque sorte, arrêtés implicitement dans les actes particuliers de la nomination de chacun de ses membres. Il faut donc que tacitement les électeurs en jugent, pour ainsi dire, l'objet en première instance, s'ils veulent pouvoir choisir des hommes qui, d'accord avec eux d'intentions et de pensées, les jugent selon leurs vœux, en dernier ressort.

Si nos révolutions n'ont été qu'une succession de désordres, et nos changemens une variété de malheurs, c'est qu'il n'y a jamais rien eu de combiné dans leurs élémens. Il faut avoir de la préméditation dans ses vues, pour mettre de la suite dans ses actions : qui s'obstine à marcher toujours au hasard, s'expose à revenir continuellement sur ses pas.

Le vaste ébranlement qui a décidé de notre situation présente, peut indiquer plusieurs particularités de notre situation à venir. Il importe d'en reconnaître assez tôt les probabilités, pour avoir le temps d'en influencer les résultats, et de s'y diriger avec des partis pris d'avance, pour n'être pas obligé d'en prendre par occasion. En tout, l'état stationnaire n'est que passager. Si nous ne nous emparons pas des événemens, ils s'emparent de nous, et provoquent ces décisions de circonstance qui, motivées par une seule cause, un seul moment, sont nécessairement mauvaises, sa précipitation ne permettant ni ensemble dans les mesures, ni choix dans les moyens.

En traçant ces observations, fruit d'un retour sur le passé, je ne pouvais pas avoir la prétention de remplir cet immense déficit, et de mettre un point de mire au bout de chaque direction ; mais j'ai cru devoir hasarder quelques réflexions qui se lient à ce grand systême.

J'ai fait sentir tout ce que la nature et la politique avaient mis de distance entre les métropoles et les colonies ; parce qu'il faut que cette question soit traitée avec une saine philosophie, qui examine ce qu'on veut, apprécie ce qu'on peut, s'arrête devant l'impossible et transige avec la nécessité.

Si j'ai beaucoup parlé de l'armée, c'est qu'il m'a semblé que bien des gens n'en parlaient pas assez, et que, dans la conservation de notre attitude militaire, l'énergie qu'y met

le gouvernement, doit continuer à être se-
condée par des orateurs qui soient hommes
d'état, et, comme tels, persuadés que notre
position est difficile, et pourrait devenir pé-
rilleuse.

L'intervention des grandes fortunes est le
danger dont on paraît le moins frappé, et
que, pour cette raison, j'ai signalé le plus
fortement. Il y a toujours parmi nous une
corporation, un parti, un préjugé, un abus
en faveur; tandis que son inverse est en dis-
crédit; et cette prévention est d'autant plus
funeste, qu'elle ne permet d'apercevoir le
mal que lorsque son entier développement
est devenu la source d'un autre mal. Nous
marchons à l'écueil, il faut l'avouer, jusqu'à
ce que son choc nous repousse et nous jette
sur l'écueil opposé. L'effroi qu'avait produit
un plan absurde de nivellement de propriétés
a fait voir sans alarme les progrès d'une con-
centration de numéraire : c'est ainsi que la
république, en mourant, était accouchée de
la dictature.

Sans doute, il faut qu'il y ait dans la circulation une certaine abondance de numéraire pour vivifier le commerce, et, chez les
particuliers, de certaines réserves de capitaux

pour subvenir aux améliorations. Il en faut pour les déboursés des grandes exploitations, pour la création des établissemens utiles, pour l'encouragement des arts et le prix des découvertes; mais l'excès de son superflu le rend nuisible, et, transformant ses avantages en inconvéniens, finit par avilir l'industrie, rançonner la propriété, obérer le gouvernement, et convertir le négoce en monopole. Dans l'ordre social comme dans l'ordre physique, tout est en rapport continu. Les grandes fortunes y ressemblent aux arbres de hautes futaies : élevés au-dessus du reste des végétaux, ils épurent leur atmosphère, et leur attirent la rosée; mais si les forêts couvraient la moitié du globe, ou portaient leur cime jusqu'au sommet du mont Athos, elles réduiraient des provinces entières à la stérilité.

C'est dans cet excédant du signe représentatif, amoncelé par dépôts trop multipliés et trop considérables, qu'il faut chercher les causes d'une partie des souffrances internes qui affligent en ce moment les peuples d'Angleterre, de France et de presque toute l'Europe, et dans l'intervertissement de son emploi qu'il faut étudier l'intervertissement de ses effets; ce désordre général qui, empoisonnant les sources de la félicité publique, et rendant la paix aussi désastreuse que la guerre, a été jusqu'à flétrir l'olivier dans nos mains (1).

C'est dans cet excédant du signe représentatif que la soif de la cupidité, habile à tirer parti de tout, a puisé la faculté de substituer à l'échange des marchandises et des denrées, véritable objet du négoce, des combinaisons perfides sur l'altération de leur prix ; des changemens alternatifs dans sa fixation, dont les différences, retirées successivement par elle, à chaque mutation, lui assurent un bénéfice aussi illégitime qu'immodéré ; des baisses et des hausses factices, à l'aide desquelles elle enlève quelquefois jusqu'au montant de leur capital ; tandis qu'en en frappant l'espèce entière, elle ruine tous ceux qui ont fait de la

---

(1) Il est des hérésies politiques qu'il faut détruire avant tout. En révolution, nos erreurs nous ont fait plus de mal que nos vices. Cherchons donc à voir le mal où il est, pour ne pas attendre le bien d'où il ne peut venir. S'il est dans l'action du gouvernement, adressons-nous à lui, pour qu'il en change la direction ; s'il est dans l'état de la société, adressons-nous encore à lui, pour qu'il en change la disposition : mais comme ici il ne peut le faire que dans un temps fort éloigné, et avec le concours de la société elle-même, il devient indispensable de s'entendre sur les causes, pour marcher de concert dans l'emploi des moyens.

même marchandise ou de la même denrée leur branche exclusive de revenu. Les conséquences des variations grandes et subites dans la valeur des choses comme dans la position des individus, sont des calamités.

C'est dans cet excédant du signe représentatif que l'esprit d'agiotage, s'emparant du procédé, lui a trouvé un mode d'application plus prompt et plus facile, en trafiquant des papiers du gouvernement avec ses monnaies et des capitaux avec les capitaux : opérations hasardeuses ! commerce scandaleux ! véritable banque, qui diffère des autres, en ce que les pertes n'y sont pas volontaires, puisque ses chances atteignent l'effet qui reste en porte-feuille, comme celui qui circule à la bourse, mais qui, d'ailleurs, y ressemble complétement, surtout par ces assauts d'espèces, où ce sont toujours les plus grandes masses qui emportent les plus petites, lesquelles vont, à leur tour, en fortifiant un centre d'attraction et d'envahissement, multiplier encore les incursions de son effroyable activité. C'était pour se soustraire aux cruels inconvéniens de ces déplacemens fréquens et rapides du numéraire, que les peuples de l'antiquité avaient frappé l'usure de tous les anathêmes de la religion et de la loi. Chez

nous, que de spéculations y exercent des ravages encore plus étendus et plus prompts
que ne le fait l'usure (1)!

C'est dans cet excédant du signe représentatif que l'expérience des accaparemens ,
apercevant les moyens d'échancrer toutes les
valeurs , et de pressurer toutes les tribus , après
s'être emparée de la circulation des denrées,
avoir saisi les ressorts du mouvement des fonds,
est venue exploiter encore à son bénéfice le
champ de l'industrie. Par ce système , de tout

---

(1) C'est l'une des bizarreries de notre fausse position,
d'être obligés de séparer à chaque instant les choses
d'avec les personnes , et d'attaquer les unes en ménageant
les autres. Il est difficile de briser l'autel quand on res-
pecte le ministre : cependant c'est une justice. Les papiers
publics avaient bien fait de diffamer dans les temps ceux
qui avaient créé ce genre de trafic; mais aujourd'hui
qu'il a survécu exclusivement à la stagnation des autres
branches, et forcé le commerce d'opter entre lui et la
nullité , il serait aussi injuste d'accuser d'agiotage le négociant qui, habitant la capitale , a subi le joug de la
nécessité, en y prenant part , que d'accuser de bigamie
le musulman qui, vivant à Constantinople , a profité de
la loi de Mahomet. Il faut ouvrir de nouvelles sources à
son industrie, donner un autre emploi à ses fonds , et
alors son patriotisme lui-même s'empressera de leur im-
primer un changement de direction qu'invoquent la
morale et la politique.

exécuter avec des compagnies d'actionnaires,
par cette manie de tout réduire en entreprises intéressées, on a centralisé les ouvrages,
et mis le travail en ferme. L'ouvrier, comme
le consommateur, se trouve donc aujourd'hui
avoir le plus souvent pour intermédiaire, le
capitaliste spéculateur, et toujours le capitaliste spéculateur, à la merci duquel le placent ses besoins.

Le germe de cette émulation sordide, de ces
combinaisons usuraires, était né sous l'ancien
régime; mais il n'y avait pas encore pris tout
son essor : il craignait l'autorité, ou plutôt
l'ignominie.

La révolution éclata, il ne craignit plus
rien. Avec les assignats, il aborda toutes les
classes; il les initia dans ses procédés; l'agiotage se francisa.

A l'issue du papier-monnaie, les faiseurs d'affaires appliquèrent à l'argent, et successivement à tout, les théories subtiles qu'ils s'é-
taient faites dans l'art de ruiner les nations ;
mais le corps de l'état n'en fut point ébranlé,
parce que l'industrie n'en éprouvait aucun
dommage; elle était devenue invulnérable à
leurs efforts : pour elle, deux primes énormes
effaçaient tout.

Le directoire s'était battu, comme on l'a dit,

à coups de générations. Buonaparte vint, et l'imita. A cette époque, il était facile de remédier à beaucoup de choses, et la mission eût été belle à remplir. Le respect pour soi était encore un pouvoir. Au lieu de le fortifier en l'exaltant, d'en faire l'auxiliaire de la loi, et d'aller de front à ces foyers dissolutifs, pour parvenir à les éteindre, ou du moins à les comprimer, il prit le parti de les abandonner à leurs progrès, et de voiler la profondeur où se creusait l'abîme, en en détournant l'attention : au dedans, par les jouissances d'un luxe magnifique ; au dehors, par l'impression des pompes triomphales. Il fallait rester dans l'intérieur, y rappeler au commerce, aux mœurs, aux principes ; rasseoir la France : il courut dans l'étranger gagner des combats, de l'or, des royaumes, bouleverser l'Europe. Bouleverser l'Europe ! nous qui, après le traité d'Amiens, et depuis encore, aurions pu en être les protecteurs et les arbitres avoués, s'il eût su ambitionner cette véritable gloire ! Quoi qu'il en soit, toute la jeunesse destinée aux arts et aux métiers, s'écoulant sous le glaive, assurait au peu d'artistes et d'ouvriers laissés en arrière, les avantages d'une concurrence fondée sur la nécessité ; tandis que les contributions qu'il levait en pays ennemi, employées à la construction de monumens publics et d'établissemens utiles, arrivaient également à cette portion active au profit de laquelle s'en faisait la première émission.

Ainsi, elle était heureuse : mais son bonheur était précaire, et notre sort l'était bien plus, puisqu'il eût fallu conquérir le monde, pour y donner de la solidité. Cependant, comme en allant de cette manière on se mettait dans la nécessité d'aller sans cesse de l'avant, c'est-à-dire, constamment avec la Victoire, et qu'elle est du nombre de ces déesses dont les faveurs ont toujours une infidélité pour dénouement, il était clair qu'elle finirait par nous laisser en chemin ; et que, dans un état de choses où partie du système des finances, les ressources quotidiennes de l'industrie, et l'existence du gouvernement lui-même reposaient sur la pointe de l'épée, le premier échec aurait des conséquences terribles : il devait blesser la France au cœur.

La révolution l'avait comme partagée en deux nations : la nation des camps, et la nation des villes. Depuis long-temps la nation des camps avait les provinces conquises pour domicile ; elle y vivait habituellement. Il fallait qu'elle vînt se jeter inopinément sur la nation des villes, prête à se surcharger encore des générations qui devaient doubler les rangs de la première ; il fallait que sa plus grande quantité vînt s'y jeter sans état, sans moyens d'existence, pour demander l'un et l'autre à cette dernière, qui était déjà découragée par l'aspect de tant d'adversités, dont une grande majorité avait perdu son superflu, et dont une forte minorité arrivait à la misère. C'était toute la jeunesse d'un royaume, revenant en colonie dans un pays où il n'y avait point de terres abandonnées, ni d'ateliers déserts, les créations de la mécanique ayant appris, dans son absence, à suppléer à la main-d'œuvre ; tandis que la coalition des entrepreneurs de travaux avait calculé sur ce refoulement, pour en avilir le prix.

On a blâmé la témérité qui a porté Buonaparte à refuser la paix qu'on lui faisait offrir à Châtillon. Il est impossible qu'il n'ait pas aperçu cet engorgement de population ; et, dans cette hypothèse, l'accepter eût été bien plus téméraire. S'il l'a fait dans l'espoir de recommencer le cours de sa carrière militaire, et d'aller replanter ses aigles sur les bords du Tage et du Niémen, assurément il avait tort, et très-grand tort ; mais s'il a craint une réaction, dont le reproche le menaçait directement, puisqu'alors ni l'invasion des puissances, ni l'interruption de l'autorité, ne pouvaient servir à faire prendre le change sans doute. il avait raison, et fortement raison. Il valait mieux tomber dans la guerre, les armes à la main, en ne cédant qu'au nombre, que de succomber dans la paix, sous le poids inévitable de ses propres fautes en politique.

Le coup a été porté ; nulle puissance humaine ne pouvait nous y soustraire. La blessure ne saurait être guérie par des moyens violens ; c'est une maladie chronique. La sagesse du gouvernement ne peut qu'en préparer la cure ; les lumières et le patriotisme des chambres lui sont associés.

Certes, la tâche est noble et pénible ; elle embrasse l'une des crises les plus alarmantes de l'ordre social ; elle présente l'un des problêmes les plus décourageans de la législation. Il s'agit de ramener aux beaux jours de sa maturité un peuple que divers élémens de destruction précipiteraient vers la saison de la décrépitude ; d'y arrêter la corruption, et de faire rétrograder le torrent qui, dans cette mission, entraîna l'empereur Julien et tant d'autres grands hommes. Notre position s'est compliquée par l'activité permanente du principe sur lequel on a constamment échafaudé, et par l'entier développement de plusieurs de ses conséquences devenues successivement des moteurs. Habitué à ne voir que ce qui le frappe, le vulgaire n'aperçoit que quelques-unes de ces dernières, et ne veut pas regarder ni plus haut ni plus loin ; ce qui n'est pas le moindre des inconvéniens.

La guerre est certainement un cruel fléau ; mais ce n'est que l'une des plaies de l'humanité ; elle n'est pas mortelle par elle-même. Et sans cela quel empire eût vécu ? Ce qui l'a rendue si fatale à notre nation, ce qui l'a rendue si fatale à tous les peuples, c'est le mobile qui en déterminait l'objet et les moyens ; c'est le système qui en a multiplié les chances et les ravages ; c'est la méthode de se conduire en politique, toujours à la journée, d'accumuler des générations entières sur un champ de bataille, sans s'inquiéter comment on pourrait ensuite les redisséminer dans l'état, et d'y avoir entraîné les autres souverains.

Mais c'est que la guerre n'était elle-même que l'aveugle instrument de ce levain d'innovation qui a causé tant de déplacemens dans les hommes et dans les choses, et, à l'intérieur et extérieurement, de si grandes, de si longues subversions. Il ne s'était d'abord manifesté qu'en France : cependant il s'étendait dans toute l'Europe, qui en donne aujourd'hui la preuve, en commettant les mêmes fautes, les mêmes usurpations qu'elle avait blâmées, et dont elle a été la victime.

La révolution y a pris sa source. On sourit de pitié, lorsqu'on entend des gens qui ont de l'esprit, et qui se croient du jugement, en accuser gravement un incident, ou une personne : comme si des catastrophes aussi majeures, ne devaient pas avoir des causes d'une force analogue à leur commotion, et comme si le moment de leur explosion pouvait être celui de leur origine! Quand le Vésuve lança une montagne de cendres sur Herculanum et Pompéia, il y avait long-temps que ses laves pressées roulaient, en bouillonnant, dans ses veines brûlantes.

Ce qui a soulevé les flots d'une population, que la durée de la tourmente a fait déborder ses rivages, c'est l'altération des principes, c'est l'altération des mœurs : c'est elle qui, dès le commencement, armant l'intérêt et divisant les intéressés, empêcha les classes supérieures de consentir à des sacrifices justes et nécessaires, tandis qu'elle avait, dans toutes, affaibli le lien commun, remplacé par les jalousies et les rivalités ; c'est elle qui, en donnant à notre réforme politique l'extension la plus déplorable, l'empêcha, d'abord, de s'arrêter à un développement régulier, et ensuite à des périodes moins malheureuses, de prendre définitivement une existence paisible et une physionomie sereine. Maintenant elle a été ramenée à son objet. Un monarque éclairé nous en a garanti ce qu'exigent le savoir du siècle et le bien du royaume, ce qu'en veulent les gens sages; il a donné à son œuvre l'appui des lois : c'est tout ce que peut faire la royauté. Mais l'appui des lois n'est qu'un point d'ancrage, qui cède tôt ou tard à la violence des ouragans, s'il n'est pas soutenu par une grande puissance morale, la seule qui soit capable de répondre des événemens. A défaut, le règne d'un bon Roi nous assurerait quelques années d'espérances et de paix : mais ce ne serait qu'une belle automne; les noirs Aquilons souffleraient le lendemain.

Un double but doit partager les efforts de nos législateurs.

Le besoin du moment, c'est l'emploi de la population.

Il serait à désirer qu'on pût mettre en mouvement ce qui reste de navires dans nos ports, et remplir le vide qui naît de la privation de nos îles, par des relations ouvertes dans les mers européennes. En occupant la jeunesse des côtes, elles formeraient des élèves pour notre marine, qui manque de matelots, et prépareraient des débouchés pour nos manufactures, qui ont besoin d'exportation.

C'est à ces dernières qu'il appartient de nous pourvoir exclusivement. Les dispositions civiques des citoyens doivent seconder les mesures prohibitives du gouvernement. Emules des Grecques et des Romaines, nos dames doivent s'habiller chez nous, et non pas en Angleterre ou au Japon. Elles n'ont point intérêt à se faire prendre pour des Chinoises, et le goût qui dirige nos ateliers, ne le cède point à l'art qui embellit leur parure. Il faut donc que leur volonté en fasse une loi, et que celle qui voudrait s'y soustraire, puisse s'entendre dire : *Ses barbares fantaisies ont mieux aimé remettre le prix de sa robe aux mains d'un étranger, que de le faire passer dans celles d'un compatriote, qui l'attendait pour donner du pain à sa femme et à ses enfans.*

Cependant il serait inutile d'augmenter le matériel des occupations, si l'on n'en augmentait pas le salaire : le prix de la journée doit faire vivre le journalier. On doit s'attacher à rompre, à éteindre, partout où elles ne sont pas indispensables, ces réunions de capitalistes, dont les combinaisons avides privent un grand nombre d'hommes laborieux d'un profit nécessaire à l'aisance, à l'existence même de leur famille, pour en composer, ou plutôt en accroître rapidement la fortune de quelques égoïstes insatiables. Leur objet est de réunir les travaux, et de se placer entre l'ouvrier et l'ouvrage; l'objet du gouvernement doit être de diviser les travaux, et de faire arriver directement l'ouvrage à l'ouvrier.

Il n'est pas moins essentiel d'empêcher de se multiplier, et de restreindre à l'occasion l'usage de ces machines dont les mouvemens organisés, dont les mains artificielles filent et tricotent, en les mettant à portée d'un air de vent, ou d'un courant d'eau. Cette économie de notre temps, cette épargne de nos fatigues, auraient été des bienfaits pour les peuples où il était pourvu en commun aux choses de première nécessité; mais elles ont de graves inconvéniens chez tous les autres, et surtout dans nos monarchies actuelles, surchargées d'une population dont les deux tiers n'ont que leurs bras pour exister. Les rendre inutiles, c'est jeter dans l'état les deux plus puissans moteurs de la guerre civile : la faim et l'oisiveté.

Peut-être qu'en attendant le résultat de mesures dont l'exécution commande elle-même trop de ménagemens, pour qu'on en puisse obtenir un succès précipité, il serait possible de leur trouver un supplément provisoire dans la construction de ponts à former, de canaux de navigation à ouvrir, de monumens utiles à rétablir ou à créer. La situation des finances ne permet pas que ces objets soient entrepris au compte du gouvernement ; mais ils pourraient l'être au compte de particuliers, autorisés à s'en rembourser par un droit prélevé sur leur usage. Ce mode aurait une double utilité : il ferait sortir de nombreux capitaux, et les diviserait immédiatement ; ce serait une avance de fonds faite au malheureux dans un moment critique.

Les besoins de l'avenir sont l'amélioration des mœurs ;

De rendre la loi de la probité la première des lois de l'état ; d'en faire le juge de tous les citoyens, le code de toutes les professions, la caution des fonctionnaires publics, la sauvegarde de la société ;

De rendre la loi constitutionnelle inviolable ; d'en faire le rempart de la liberté publique, l'arche d'alliance de la nation, et de créer un esprit national qui la défende et la vivifie. Quand un peuple s'est attaché à ses institutions, sa tranquillite en devient plus assurée ; car alors les hommes passent, mais les gouvernemens restent ;

De prendre la massue d'Hercule, pour en écraser l'hydre moderne, cette fureur de l'agiotage, cette frénésie des accaparemens ; monstre qui embrasse tout, qui dévore tout ;

De séparer, sinon par la crainte des défenses, du moins par l'amour de sa réputation (1), l'honnête négociant du vil transfuge, qui, déshonorant le nom de commerçant, et abusant de celui de spéculateur, au lieu de s'interposer entre nos départemens, pour en multiplier les récoltes, et de transporter l'excédant des contrées où il y a eu abondance, dans les contrées où il y a eu disette, s'em-

---

(1) Les avocats, les négocians et quelques autres corps avaient une police d'honneur qu'ils exerçaient sur leurs membres. L'avocat qui commettait une déloyauté, était rayé par sa compagnie du tableau de cette noble profession. Le négociant qui déshonorait ses malheurs par de la mauvaise foi, était banni de la présence de ses collègues ; les portes de leurs assemblées se fermaient irrévocablement devant lui, et l'autorité même n'aurait pu l'y introduire ; car alors ils se seraient retirés à son aspect ; il n'en fût pas moins resté répudié. Serait-il donc impossible de rétablir ces nobles juridictions ? Quelques années de révolution les ont-elles abolies pour jamais ?

pare de la totalité, pour en exciter le besoin, et, se plaçant, comme le génie du mal, entre la terre et ses habitans, la frappe d'une fausse stérilité, afin de les forcer d'acheter au taux qu'y met son avarice, la restitution des biens qu'elle leur avait gratuitement accordés;

D'arrêter ce tourbillon de capitaux qui, dans son mouvement de rotation, se grossit sans cesse de l'actif des petites fortunes qu'il vient d'entamer, et des débris de celles plus considérables qu'il a déjà renversées : jeu de hasard, dont les revers introduisent encore dans la société une partie des malheurs domestiques attachés à cette passion, quand le montant de ses enjeux et le nombre de ses actionnaires suffiraient seuls pour le rendre le plus nuisible de tous ;

En ramenant du point où il l'a entraînée, la balance entre le numéraire et l'industrie, de la faire pencher irrévocablement en faveur de cette dernière. Aujourd'hui, ce n'est plus ni avec de l'activité, ni avec du talent qu'on s'enrichit; ce n'est qu'avec de l'argent qu'on peut gagner de l'argent ; l'argent est devenu l'être des affaires; les individus n'en sont que les facteurs : dispositions fâcheuses, qui jusque dans les plus petites fluctuations d'espèces, comme dans les plus grandes mutations de fonds , mettent en rapport les porte-feuilles, ainsi que les syphons mettent en communication le lit des eaux , c'est-à-dire , en desséchant toujours les petits bassins au profit des grands réservoirs.

En général, trop de sang se porte à la tête; une direction universellement prise l'y fait affluer. Il faut en ramener aux extrémités, par des impôts progressifs, par des taxes proportionnelles, par ces dispositions administratives d'une haute science, qui, avec les moyens ingénieux d'une gradation heureuse, lèvent insensiblement sur l'opulence de légers tributs qui, après avoir alimenté les trésors du gouvernement, vont satisfaire aux besoins de l'indigence. Ces mesures sont d'une utilité pressante : notre humanité les conseille , notre perspective les prescrit. Nul état n'a péri, parce qu'il n'y avait pas assez d'inégalité dans les fortunes ; mais beaucoup ont péri, parce qu'il y en avait trop.

Ce ne serait pas la peine de s'occuper des mœurs, si l'on encourageait un luxe qui, père du vice et frère de la misère , satellite éternel attaché à son char , fut toujours l'antagoniste de la morale et du bonheur. Le présent l'aura accoutumé à languir ; l'avenir pourrait entreprendre de le réprimer. Peut-

être aurais-je été jusqu'à parler de lois somp-
tuaires ; mais je n'ai pas osé. Les gens qui
sont gravement malades, ont peur des remèdes.

Je ne me trompais pas : déjà l'on murmure.
On prétend que je ressuscite des doctrines
usées, préjugés de nos pères ; que le luxe est
absolument nécessaire. — Oui, pour cor-
rompre une nation. — Pour enrichir un grand
état, me réplique-t-on. — Je n'ai pas oublié
ce mauvais vers d'un grand poëte ; mais je
demande en réponse, qui sont ces puissans
royaumes qu'il a fait fleurir, ou plutôt quel
est celui qu'il n'a pas renversé ? Quant aux
idées, je conviens qu'elles ne sont pas de ma
création. Cependant comment aurais-je fait
pour leur donner un air de nouveauté ! Les
principes ne naissent pas avec les révolutions ;
et puisqu'ils sont éternels, il faut bien qu'ils
vieillissent.

Où nous sommes rendus, il n'y a pourtant
que deux partis à prendre : ou de continuer
à dévier, ou de revenir au vent. L'un est facile, le fil de l'eau nous conduit ; l'autre ne
l'est pas, il faut rompre le courant. Mais il ne
s'agit pas de passer des délices de Capoue à
l'austérité de Lacédémone : la montagne serait trop rude à gravir. Il suffit de quitter
une mauvaise route, et de prendre une bonne

direction. Le vaisseau tourné ; la voile le soutient.

Si une nation peut en effet être véritablement régénérée, c'est la nôtre. L'histoire eût-elle peint ce retour comme impossible, le mot ne doit point nous effrayer. Plus d'une fois nous en avons restreint l'acception, et rien ne l'est avec l'impulsion forte de ce grand caractère dont la nature nous a doués. Son extrême vivacité nous a fait commettre bien des fautes ; en revanche, son indomptable émulation nous rend capables de tout. Elle s'assoupit quelquefois dans l'état, mais elle ne meurt jamais dans les individus, et le gouvernement peut toujours la réveiller avec énergie. Sous les chefs les plus déhontés, on a vu dans la révolution des traits, évidemment dépourvus d'ambition et d'orgueil, d'un dévouement sublime. Dans ces derniers temps, combien de jeunes sybarites, quittant à regret le sein des voluptés, ont figuré noblement dans les combats ! ils n'avaient pour soutenir leur épée que le bras de Sardanapale ; ils attendaient le signal des périls avec l'impatience d'Achille. C'est aux courageuses inspirations de ce vertueux enthousiasme, qu'il faut montrer le but, en les excitant par d'illustres approbations, en les dirigeant par d'augustes exemples :

voilà le levier puissant qu'il faut soulever pour remonter le siècle, à l'aide d'un peuple qui, ayant déjà plus d'une fois prouvé qu'il peut s'imposer volontairement les privations les plus dures, et tout supporter avec résignation et grandeur, serait susceptible de passer de l'insouciance et des plaisirs, au stoïcisme de la vertu la plus pure, comme il est passé à l'héroïsme du courage le plus rare.

Telles sont les intentions généreuses, les vues profondes qui doivent occuper l'opinion de la France, diriger le choix des électeurs, et préparer la mission des députés ; telles sont les questions imposantes d'intérêt public qu'il faut substituer aux misérables puérilités de l'esprit de parti. Elles sont un moyen de nous en affranchir. Ces vastes sujets de méditation sont faits pour élever les ames, en enflammant le patriotisme, en exaltant le génie : qui s'en pénétrera, ne donnera point d'accès aux animosités et aux préventions. Il les verrait de trop haut pour pouvoir y descendre ! c'est le propre des grandes choses d'exclure les petites ; qui porte sa tête et sa pensée dans les cieux, ne prend point part aux passions des humains.

Electeurs, vous vous placerez vous-mêmes à cette élévation majestueuse qu'exigent vos fonctions. Nulle idée qui ramène gratuitement un souvenir fâcheux, nulle expression qui retrace sans besoin une image douloureuse, ne souillera votre enceinte. Le zèle sous toutes les dénominations, la vertu sous tous les costumes, appelés maintenant pour une même cause, réunis désormais dans une seule affection, y trouveront l'abandon, la franchise, la cordialité, l'indépendance, le respect, la sainteté de l'asile des anciens.

Vos candidats ont-ils émigré? ne vous informez point à quelle époque ils sont partis, à quelle occasion ils sont rentrés. Ont-ils resté dans l'intérieur? ne leur demandez point quel a été leur avis sur tel homme ou tel discours; s'ils ont fréquenté les salons de la bonne compagnie, ou vécu solitaires dans leur modeste réduit. Observations insidieuses, souvent faussement appliquées par la haine ou l'intrigue, et qui, avec une simple transposition de mots, nous retracent les questions ridicules que posèrent jadis les artisans de nos calamités! Mais exigez un compte sévère de leurs actions; portez un regard étendu sur leur vie publique et privée; sachez s'ils n'ont pas à rougir des souvenirs du passé, et si les qualités d'un bon chef de famille font présumer en eux celles d'un bon citoyen.

Après trente années d'agitations, il est temps d'assurer notre tranquillité, et, pour y parvenir, de substituer l'expérience à l'imagination, les principes aux systêmes, et les choses aux individus. S'il en est parmi ces derniers qui nourrissent encore de séditieuses espérances, laissons exclusivement à la police le soin de les surveiller; ne leur accordons aucune importance, et nous n'aurons pas à les craindre. Humiliés de notre dédain, ils déserteront leurs bannières, et deviendront citoyens, ne pouvant pas être factieux. Tôt ou tard ils sentiront, comme nous, la nécessité de se rapprocher de bonne foi d'un centre commun, fixe et permanent, de cette constitution libérale qui garantit le présent et le futur: elle seule peut nous sauver. L'influence de la loi, toujours régulière, protège et rassure ; l'influence des partis, toujours desordonnée, opprime et inquiette : de là ces récriminations que suivraient d'autres récriminations; ces réactions qui deviendraient des révolutions nouvelles. Pousser le balancier en sens contraire, c'est entretenir le mouvement; le laisser à lui-même, c'est le rendre au repos. En général, les discordes civiles ressemblent aux dissentions domestiques : elles s'aigrissent par les débats. Qui veut les éteindre, n'en doit plus parler.

Ces maximes, mises en pratique, nous promettent une assemblée vraiment nationale ; remplie d'un zèle tout à la fois pur, ferme, instruit et modéré. Les hommes modérés, a dit un écrivain célèbre, sont faits pour gouverner. Eh ! nous avons déjà fait un si heureux essai de cette vertu ! Nos députés en trouveront l'exemple sous le diadême. La France doit le trouver également sur leur chaise curule. Puissent-ils partager la gloire de ce Romain qui éleva un temple à la Concorde ! Dignes de participer aux nobles travaux du Monarque, ils l'aideront à ranimer l'esprit public, en montrant pour toutes les classes d'individus une égale sollicitude ; à vivifier l'administration, en achevant d'y ramener ces soins protecteurs, qui seuls y attachent les administrés ; à faire refleurir le commerce par ces sages mesures qui l'excitent et le retiennent dans sa vocation ; à maintenir l'équilibre entre les pouvoirs, en remplissant le cercle entier de leur autorité, sans jamais en sortir. Instrumens de nos volontés, ils entoureront de témoignages de respect ce trône, chêne auguste et puissant, sous les rameaux duquel se placent la tranquillité et la durée ; anneau magique qui, embrassant le temps et l'espace, lie par son unité le sort des provinces, par son hérédité le bonheur des générations : mais gardiens de nos libertés, ils entoureront aussi de forces d'inertie ces tables de la loi, pacte sacré, qui lie les citoyens à la société, et les temps présens aux temps à venir ; ces droits imprescriptibles, dépôt solennel que les lumières nous ont restitué, et qui empêchera les lumières de rétrograder ; ces propriétés innées, franchises des nations, qui un jour appartiendront à tous les peuples, et donneront au monde entier une nouvelle ère et de nouveaux destins.

FIN.

www.ingramcontent.com/pod-product-compliance
Lightning Source LLC
Chambersburg PA
CBHW071504030726
47593CB00003B/1142